DISCOURS PRÉLIMINAIRE

(SUITE.)

> En France, rétablir le Roi, ce n'est
> pas faire une *contre-révolution*, c'est
> faire le contraire de la Révolution.
>
> J. DE MAISTRE.

Ce qui démontre tous les dangers des principes républicains, d'une direction aussi mobile, pouvant être modifiée sous la pression des évènements de chaque jour. C'est la conduite de M. Thiers abdiquant le pouvoir à la suite d'un vote de l'Assemblée, et se plaçant à la tête de l'opposition en vue de créer des entraves au nouveau gouvernement.

M. Thiers avait été mis sur un grand nombre de listes électorales en reconnaissance de sa bonne volonté à servir le pays dans les temps d'épreuve. Son désir de bien faire méritait cette récompense, et, pour la consacrer, la commission qui avait été chargée de désigner le plus méritant en vue du pouvoir exécutif, a proposé M. Thiers qui a été élu immédiatement à l'unanimité, on pourrait le dire.

L'Assemblée, par sa majorité, était monarchiste, et M. Thiers, par ses antécédents, faisait naturellement partie de cette majorité. La volonté du pays s'était donc manifestée. Elle avait condamné la République. Dès lors, M. Thiers, en proclamant que la République était désormais le seul gouvernement possible, a donc trahi ses électeurs monarchistes, et par sa conduite, par ses discours, il a encouragé les adversaires de l'ordre, de telle sorte, que M. Gambetta a pu faire des discours tendant à semer la discorde dans l'armée. Il y dénonçait comme incapables tous les grades supérieurs, pour proclamer la valeur des subalternes. M. Lockroy, à son tour, s'emparant de l'ordre civil, a mis en cause tous ceux qui possèdent et qui sont placés à la tête du travail. Avec M. Thiers, chef du pouvoir, cette manière d'envisager la société devrait avoir ses conséquences.

A d'autres époques, ce sont là des discours que M. Thiers n'aurait pas manqué de réfuter. Il en a donné la preuve après la révolution de 1848, c'est ce qui lui avait valu de compter dans les rangs des conservateurs.

Il n'en est plus de même aujourd'hui, et M. Thiers, espérant maîtriser l'esprit dissolvant de la République, s'est placé résolument à la tête de ceux qu'il combattait naguère. Descendu du pouvoir, il reçoit des adresses de félicitations, des témoignages de regrets signalant la conduite du gouvernement actuel. En réponse il fait des discours auxquels on

Henri POTTIER, Directeur

BIBLIOTHÈQUE DE LA FRANCE MODERNE

LA FRANCE MODERNE

2me volume

TRAVAUX DIVERS ET INÉDITS

Prix : 20 centimes.

a 25 centimes par la poste.

SOMMAIRE DES MATIÈRES DE CE VOLUME

Le Crédit moderne,
programme 2
Discours prélimi-
naire (suite) . . . 3
M. Thiers (Dis-
cours de) aux délé-
gués du Pérou. . . . 8
Chambord (Comte
de), notice 14
La Maison de
France 19
De la polémique
des Journaux. —
lées générales . . 22
Casimir Périer (De
la proposition) en
vue de la République dé-
finitive.Séance du 15 juin 29
Projet de Loi électo-
rale politique 40
De la Commune en
vue de l'élection des
maires et des adjoints . 50
De nos Institutions
bienveillantes. —
Projet d'un crédit à la
famille se liquidant en
cinq années 54
Pièces officielles et
Documents (suite).
— Lettre du duc de
Magenta à l'Assemblée
nationale, le 20 novembre
1873 ; Ministères. . . 58

ON SOUSCRIT : A PARIS

Dans les bureaux de la Bibliothèque de la France moderne

DANS LES DÉPARTEMENTS ET A L'ÉTRANGER

Chez les libraires correspondants.

AOUT 1874

Vol. no 2.

LE CRÉDIT MODERNE

Société en commandite à titre provisoire.

CAPITAL D'ORGANISATION

En souscription : Cinq cent mille francs

DIVISÉS EN PARTS D'INTÉRÊTS DE

CENT FRANCS

Donnant droit lors de l'installation définitive de la Société à des actions de 500 francs

Libérées de 125 francs et non sujettes à des appels de fonds.

(VOIR LE PROSPECTUS)

Cette institution financière ayant l'*Assurance financière* pour garantie ne peut éprouver de perte sérieuse. Elle a pour objet en rendant le crédit facile et permanent de seconder les efforts de l'industrie et par là de rendre au travail toute sa prospérité. En souscrivant c'est faire acte de patriotisme.

Pour se convaincre des services que pourront rendre les combinaisons financières et de commerce de la Société, il est indispensable de lire avec soin les brochures qui seront publiées à cet effet ainsi que les statuts des différents comptoirs.

Les souscripteurs en obtenant relativement des dividendes cinq fois plus considérables à ceux qu'auront droit les actionnaires, jouiront d'avantages qu'ils ne sauraient trouver ailleurs. Les souscriptions peuvent être acquittées par fractions et mensuellement.

Bureaux provisoires, 7 rue Laffitte, à Paris.

donne toute la publicité qui est accordée aux pièces officielles, et c'est ainsi que M. Thiers entretient le public dans les voies personnelles qui doivent au moins, il semble l'espérer, le ramener au pouvoir. Le discours que nous enregistrons à la suite de cet article, indique la pensée de M. Thiers, et c'est pourquoi nous nous dispensons de parler des autres allocutions qu'il a prononcées dans beaucoup d'autres occasions semblables.

Dans un état républicain sérieusement organisé, le citoyen descendu du pouvoir, qui tiendrait la conduite que nous signalons à nos lecteurs, devrait être exilé. Il l'eût été à Rome dans les temps anciens, et aujourd'hui si le cas n'était pas prévu, les désordres les plus grands pourraient en résulter.

M. Thiers, nommé pour représenter l'Assemblée et gouverner sous son autorité a bientôt cherché à s'affranchir de cette tutelle, et c'est pourquoi il s'est fait décerner le titre de président, obtenant ainsi une espèce de réhabilitation du titre de République. Il savait, en agissant de cette manière, qu'il flattait les hommes dans les rangs desquels il voulait se ménager des intelligences, afin de neutraliser leurs ressentiments par rapport à sa conduite, comme chef du pouvoir, concourant à combattre les communards.

C'est là une illusion de la part de M. Thiers qui ne saurait être pour les républicains qu'un moyen d'arriver. La République définitive étant proclamée, M. Thiers ne peut se trouver qu'entre des écueils. L'Assemblée devrait lui être opposée. La majorité étant républicaine, ses principes gouvernementaux ne seront pas ceux des adeptes de cette forme de gouvernement, et si elle est monarchiste ou impérialiste, les griefs à faire valoir seront naturellement tout-puissants. Il n'y a donc plus, dans l'avenir, de place dans le gouvernement pour M. Thiers, dont l'impuissance est manifeste de quelque manière qu'on envisage sa situation politique.

La royauté constitutionnelle peut seule récompenser ses services, et si cet homme d'État dont on respecte le grand âge et l'activité, était judicieusement inspiré, au lieu d'être un obstacle à la royauté, il devrait en reniant ses rancunes, racheter les ardeurs de sa jeunesse, dont les résultats ont été si préjudiciables au bonheur de la France. La Révolution de 1830, est en partie l'ouvrage de M. Thiers, rédacteur du *National*.

—————

NOTA. — Vote relatif à la nomination de M. Thiers à titre de chef du Pouvoir exécutif. Séance du 17 février. M. Lefranc rapporteur. Voici le texte de la proposition :

« L'Assemblée nationale dépositaire de
» l'autorité souveraine. Considérant qu'il
» importe, en attendant qu'il soit statué
» sur les institutions de la France, de
» pourvoir immédiatement aux néces-
» sités du gouvernement et à la conduite
» des négociations.

» Décrète :

» M. Thiers est nommé Chef du pou-
» voir exécutif de la République fran-
» çaise. Il exercera ses fonctions sous
« l'autorité de l'Assemblée nationale,
» avec le concours des ministres qu'il
» aura choisis et qu'il présidera. »
Cette proposition mise aux voix est
adoptée à la presque unanimité.

A cette occasion, M Thiers a fait un
discours qu' se résume dans la pensée
d'accréditer la paix et de réorganiser le
pays.

Son discours de la séance précédente,
pour affirmer la nécessité de traiter avec
l'ennemi, ne laissait pas de doute sur ses
intentions. Ces discours, comme tous
ceux qui auront un intérêt relativement
à cette époque, seront reproduits dans un
volume spécial.

Discours de M. Thiers aux délégués du Pérou venant lui offrir un album richement relié, en souvenir de la délivrance de la France, au nom des compatriotes domiciliés au Pérou.

Messieurs,

J'ai pour principe de prendre, en politique les faits pour point de départ et de continuer en les améliorant. Quand je suis entré dans la vie publique, j'ai trouvé la France en monarchie, et je ne souhaitais rien de mieux pour elle que les institutions libérales de l'Angleterre; mais la France n'a pas su marcher dans cette voie, ou plutôt ses monarques n'ont pas su y rester, car les événements les y avaient conduits et les conviaient à n'en pas sortir. Aussi, qu'est-il arrivé? L'opinion s'est lassée de les voir tour à tour imposer au pays les pratiques dangereuses du gouvernement personnel; et, se retirant d'eux, elle les a livrés à cette force toujours irrésistible qui les a renversés successivement.

Témoin comme vous de ces grands enseignements de notre histoire contemporaine, j'ai observé, j'ai réfléchi. C'était ma vocation comme publiciste et historien; c'était mon devoir comme homme d'Etat et citoyen. On m'accuse d'avoir déserté mes principes d'autrefois, mais il n'en est rien, et si je suis républicain, c'est au contraire parce je leur suis resté fidèle. Ne sommes-nous pas en république? La république n'est-elle pas aujourd'hui le fait qui s'impose à nous nécessairement? Je suis donc républicain aujourd'hui comme j'étais monarchiste autrefois et par le même motif. Conservons la république, qui est toujours le gouvernement qui nous divise le moins; sachons-en faire la continuation de notre passé en l'améliorant progressivement; faisons-en, en un mot, une république conservatrice.

Et voyez, messieurs, comme les circonstances m'ont donné et me donnent encore raison. Quand j'ai pris le pouvoir à Bordeaux, est-ce qu'il était possible de songer à une restauration de la monarchie? Les monarchistes les plus passionnés n'osèrent même pas en faire la proposition. La monarchie! et laquelle? Il y en avait deux alors; mais leur rivalité aurait suffi à les exclure toutes deux si les circonstances du moment ne les avaient déjà rendues impossibles. Je ne parle pas de l'empire : à l'exception de quelques esprits résistant à l'impopularité écrasante qu'il avait encourue, personne n'y songeait alors. Le voilà qui se relève aujourd'hui, grâce à la politique aveugle de ses concurrents monarchistes.

Ce n'est pas davantage pendant la Commune qu'on aurait pu songer à une pareille restauration, ni pendant l'occupation étrangère. Plus tard, on y a pensé, il est vrai ; et c'est pour cela que je suis descendu du pouvoir. Quand même je n'aurais pas été convaincu de l'inopportunité d'une politique entièrement contraire aux sentiments actuels de notre pays, je n'y aurais pas souscrit moi-même parce que j'étais lié par ma parole.

Durant les événements déplorables de la Commune, j'ai reçu de nombreuses députations du Midi, qui condamnaient unanimement les excès du Paris-révolutionnaire, mais qui protestaient unanimement aussi contre toute pensée de restauration monarchique. J'ai promis, c'est-à-dire, j'ai répété à cette occasion la promesse déjà faite plusieurs fois à la tribune, que je rendrais, comme je l'avais reçue, la forme de gouvernement dont j'étais dépositaire.

Si une restauration monarchique était possible, elle se serait faite depuis le 24 mai, puisque c'est pour la faire que la coalition des partis qui la désiraient m'amena à donner ma démission.

Cependant elle ne s'est pas faite. C'est que, quoi qu'il en semble à des esprits qui n'ont pas l'expérience suffisante des choses politiques, ni la prudence qu'elle commande, on ne fait pas ce qu'on veut d'un pays, qui veut, lui aussi, et qui résiste à toute autre volonté que la sienne. Certes, on ne peut pas douter aujourd'hui que la France n'ait sa volonté : elle le prouve assez depuis quelque temps, depuis surtout que, rendue à elle-même et libre d'exprimer ses vœux, elle se montre si clairement opposée au rétablissement de la monarchie.

Mais on persiste à penser que sa volonté n'est qu'un accident, un malentendu, une erreur et qu'on peut passer outre; l'erreur n'est pas dans la volonté de la France, mais dans l'obstination systématique de ceux qui la méconnaissent.

Cette opinion, que je vous exprime ici, je l'ai exprimée franchement, loyalement, aux monarchistes de l'Assemblée qui sont de mes anciens amis, pour la plupart; ils n'ont pas voulu se rendre à mon avis et je le déplore, non pour moi assurément, mais pour le pays, qu'on a jeté dans les incertitudes les plus funestes.

Ils m'avaient trouvé bon pour prendre un fardeau écrasant à la fin de la guerre, pour conclure une paix douloureuse, pour payer l'indemnité, faire des emprunts, et préparer la libération du territoire, pour réorganiser l'armée, relever le courage abattu de nos concitoyens, contenir ou vaincre l'esprit de révolte et de désordre; puis, ma tâche remplie, ils m'ont écarté pour s'occuper de ce qu'ils croyaient être la leur, mais vous voyez comment ils l'ont remplie à leur tour.

Quant aux services dont vous me louez, je suis très sensible à la reconnaissance des bons citoyens, et je ne crois pas me montrer trop présomptueux en disant que j'ai fait tout ce que j'ai pu pour la mériter.

Ce fut un soulagement, une joie même, et certainement un grand et légitime orgueil pour la France d'apprendre qu'elle était capable d'efforts si prodigieux et qu'elle n'en souffrait pas trop. L'Europe ne s'en étonna pas moins que nous ; elle admire encore, après ses malheurs, cette France qu'elle a toujours admirée, et comme preuve de son admiration et de sa confiance, elle lui a offert des sommes inouïes pour payer sa rançon.

Oui, messieurs, je crois pouvoir dire que j'ai eu une part considérable dans l'accomplissement de ces grandes choses, et ce témoignage de ma conscience est l'honneur de mes vieux jours. Je suis descendu du pouvoir sans regret ; j'étais fatigué et j'avais besoin de repos. La nature m'a donné bien des forces pour le travail, mais il ne faut abuser de rien. Et puis, je retrouve dans la retraite mes chères études, occupation de toute ma vie : ce serait une consolation, si j'en avais besoin. Enfin, j'ai la gratitude de mes concitoyens, dont vous m'apportez un nouveau gage qui me touche profondément.

Acceptez-en, Messieurs, mes sincères remerciements, et transmettez-les à nos compatriotes du Pérou. Dites-leur également, car ils ont besoin, comme tous ceux qui travaillent, ils ont besoin d'espérer dans l'avenir, dites-leur que je crois à la paix : l'Europe la désire, et ses vœux, que j'ai une longue habitude de consulter ou de pressentir, triompheront vraisemblablement de passions aveugles qui pourraient troubler son repos.

En relisant ce factum révolutionnaire on se convainc mieux encore de toute la perfidie d'argumentation de M. Thiers qui emploie, pour avoir raison, toutes les accusations captieuses qui ont fait le bagage de sa vie politique, accusant de pouvoir personnel le monarque, lorsque le Roi ne cédait pas à toutes les suggessions de ses ministres présidés par M. Thiers. Décidément ce grand discoureur se rend impossible.

L'argument que M. Thiers met en avant pour se justifier du reproche d'avoir abandonné les convictions de toute sa vie, la royauté, ne saurait être du goût de ses nouveaux alliés. En effet, par ce discours, il déclare que si la royauté était rétablie, il déploierait autant d'ardeur à la servir, parce qu'elle serait le gouvernement légal, qu'il déploie aujourd'hui d'obstination à défendre la République, bien qu'elle ne soit que provisoire.

Le Comte de CHAMBORD
Duc de Bordeaux

NOTICE

Le Comte de Chambord *duc de Bordeaux* Henri - Charles - Ferdinand - Marie - Dieudonné d'Artois est le seul descendant de la branche aînée des *Bourbons*. Ce prince nous rappelle Henri IV et les splendeurs de Louis XIV.

Le Duc prend le titre sans conteste de chef de la Maison de France, ayant à sa suite la branche Cadette des Bourbons représentée par la famille d'Orléans, dont le comte de Paris, âgé de 38 ans est le chef et le successeur héréditaire du comte de Chambord.

Le Comte de Chambord est né à Paris, le 29 septembre 1820, sept mois et demi après la mort de son père le duc de Berry, assassiné par un misérable maniaque qui a déclaré n'avoir aucune raison d'en vouloir au prince sa victime. C'est à cette occasion que cet héritier du trône, dès sa naissance, a été surnommé l'Enfant du miracle, en ce qu'il semblait que la providence avait voulu prévoir le crime de Louvel.

Le chef de la maison de France a près

de 54 ans. C'est l'âge où la raison mûrie par l'expérience, imprime une résolution plus grande aux nobles caractères.

En 1846, le 16 novembre, le comte de Chambord s'est uni à la fille aînée du duc de Modène, Marie-Thérèse-Béatrix-Gaëtane.

Ce prince, après la mort de son aïeul Charles X et de son oncle le duc d'Angoulême, s'est définitivement fixé à Frohsdorff près de Vienne où il réside encore.

En 1830, après la révolution de juillet, le roi et le duc d'Angoulême ont abdiqué en faveur du duc de Bordeaux.

Le duc de Bordeaux a pris le titre de Comte de Chambord seulement dans l'exil ne compromettant pas ainsi son titre de prince français, qui lui avait été donné à sa naissance en souvenir de l'accueil bienveillant et chaleureux que la ville de Bordeaux avait fait à la duchesse d'Angoulême, lors de la rentrée de cette princesse, en 1815.

C'est à Lille que Louis XVIII avait, à cette époque, été acclamé comme restaurateur des libertés nationales.

La rentrée du comte d'Artois par la vallée du Rhône n'avait pas été moins brillante que celle des autres membres de la famille royale.

Il faut être de cette époque pour se rappeler toutes les joies qu'a suscité la rentrée des Bourbons. Les fêtes données par les villes ont été splendides et dans

les rues, garnies de tables, on voyait le
peuple invité à un banquet où l'abondance était égale au bonheur que chacun
éprouvait d'être délivré du destructeur
des populations. Jusqu'au tombeau nous
aurons ce souvenir vivant dans notre
mémoire. Comme il nous semble encore
voir les malheureux blessés de Waterloo
conduits par groupes et se dirigeant
vers l'hôpital militaire de Lille, où ma
famille résidait alors.

Le COMTE DE CHAMBORD a pour aïeul
Charles X, père du duc de Berry son père,
qui avait pour aîné le duc d'Angoulême.
Ces deux princes sont morts en exil,
Charles X à Goritz, en Illyrie, le 6 novembre 1836, à 80 ans, et le duc d'Angoulême, le 3 juin 1844.

La duchesse de Berry, est également
décédée en exil en Illyrie, le 19 octobre
1851, où elle consacrait ses soins aux
malheureux du pays. Cette princesse ita-
lienne était aussi aimable que bonne.

Le COMTE DE CHAMBORD, sans conspirer,
n'a cependant pas voulu être oublié de
tous, et à deux reprises principalement,
il a reçu des députations qui ont été le
saluer. C'était à Londres en 1844, le 27
novembre, sous le règne de Louis-Phi-
lippe Ier ; et à Wiesbaden, en Allemagne,
pendant l'occupation du trône par Napo-
léon III.

En 1848, après la révolution de février,
le duc aurait peut-être pu revendiquer
ses droits, mais craignant pour le bon-

heur public, il ne voulut rien tenter qui eût l'air de contraindre la nation.

Depuis, de nombreuses lettres à des fidèles ont expliqué sa manière de comprendre la gestion de l'Etat, ses vues personnelles, et le 5 juillet 1871, après les désastres de la Commune, par un manifeste, le prince s'est mis à la disposition de la nation déclarant que les droits au trône étaient le patrimoine de la France, que lui, le représentant héréditaire, viendrait avec tout son dévouement au jour, à l'heure, où le pays croirait devoir l'appeler pour travailler de concert avec les représentants de la nation à la régénération de la France.

Avec des droits aussi incontestables que ceux du Comte de Chambord on ne peut être plus humble et mieux reconnaître la souveraineté de la nation. C'est là une manière d'agir que chacun devrait reconnaître comme étant une garantie de bonheur pour tous.

Le Comte de Chambord, par sa noblesse de cœur, par son caractère élevé et par ses connaissances représente bien toutes les gloires civiles. C'est par là que, personnellement, il a des droits à la première place dans la nation. Sincèrement religieux, il croit en la divine providence et ne veut rien faire de sérieux pour en précipiter les décrets. Il ne doit compte qu'à lui-même de ses convictions religieuses, convictions qui l'engagent au contraire à laisser chacun libre de l'ardeur de ses croyances. Le Roi est également le protecteur de tous, et, dans un pays où la liberté de conscience est consacrée par la loi, tous les cultes reconnus, n'ont pas à s'inquiéter de la religion du Roi.

Le Comte de Chambord ne saurait faire de son acceptation au trône une condition. Le pays, à son tour, ne peut en recevoir. C'est donc à l'Assemblée, ainsi que l'a proclamé le Comte de Chambord après sa rentrée, que doivent se régler les nouvelles destinées de la France, d'accord avec lui, que représenterait un ministère choisi dans le sein des chambres législatives.

Cette manière de comprendre la reconstitution du Trône constitutionnel est des plus honorables et pour le peuple et pour le Roi. Etant ainsi élevé sur le pavois, c'est bien le descendant de Hugues Capet réunissant toutes les forces de l'Etat pour revendiquer à l'étranger la place que la France a le droit de tenir dans le monde ; c'est le retour de la plus grande des prospérités ; c'est une place conquise à toutes les intelligences, à tous les dévouements.

Les scrupules évoqués ne peuvent qu'être le fruit des esprits qui pactisent avec l'étranger. L'honnêteté du caractère du Comte de Chambord est plus sérieuse que toutes les conventions, que tous les contrats possibles ; elle est surtout incontestable dans un état consti-

tutionnel où le véritable souverain est
représenté par l'opinion et par la majorité dans les assemblées.

La Maison de France

Nous aurons à faire suivre cette notice
sur le Comte de Chambord, d'un article
sur l'anniversaire du 5 août, date de la
réconciliation de la maison de France et
de la mise sous presse de ce volume [1].

Aujourd'hui que les temps sont deve-
nus difficiles, qu'il faut se décider à accomplir un grand acte, il n'est pas indif-
férent de se rappeler que l'union constitue la puissance et que sans l'unité de
vue, c'est l'anarchie qui devrait avoir le
dessus, qu'une liquidation générale pourrait en être la conséquence.

Ni les Princes d'Orléans, ni le Comte de
Chambord n'ont rien fait pour s'imposer
à la nation, pour violenter les esprits.
En déclarant que la royauté est le patrimoine de la France, ils ont soumis leurs
droits héréditaires aux vœux de la nation.
C'est là une démarche dont nous devons

1. Un second manifeste a été publié le 2 juillet
1874. Il est publié dans le volume intitulé : La
Conciliation, question du drapeau.

tenir compte et mettre au rang des garanties que nous rappelle la loyauté séculaire de la maison de Bourbon.

Anniversaire du 5 août 1873.

Au lendemain de la visite faite par M. le comte de Paris à M. le comte de Chambord, l'*Union* publiait en tête de ses colonnes la dépêche suivante :

Vienne, 6 août.

Hier, 5 août, visite de M. le comte de Paris à Frohsdorf. Réception très cordiale.

M. le comte de Chambord, très satisfait, rend aujourd'hui, à Vienne la visite à M. le comte de Paris.

On se rappelle avec quel bonheur nous avons accueilli la nouvelle du rétablissement de l'union entre tous leurs partisans. Elle préparait la grande réconciliation nationale, condition indispensable du salut du pays.

Cette union, si heureusement rétablie, n'a plus été troublée un seul moment, malgré tous les efforts de nos adversaires intéressés à semer la défiance. — Sans doute, ils n'ont que trop bien réussi à agiter le pays, à surexciter sur plusieurs points l'opinion publique, mais l'union de la Maison de France est restée complète, et justifie toutes nos espérances.

Le 19 septembre, M. le comte de Chambord écrivant à M. de Rodez-Bénavent, député de l'Hérault faisait ressortir en ces termes le caractère de l' « acte du 5 août : »

.... Quant à la réconciliation si loyalement accomplie dans la Maison de France, dites à ceux qui cherchent à dénaturer ce grand acte, que tout ce qui s'est fait le 5 août a été bien fait, dans l'unique but de rendre à la France son rang, et dans les plus chers intérêts de sa gloire, de sa prospérité et de sa grandeur.

La lettre de Salzbourg, 29 octobre, à M. Chesnelong, rend le témoignage le plus complet aux sentiments personnels du comte de Paris et de « tous les siens » :

... Ce jeune prince dont j'ai ressenti avec tant de bonheur la loyale étreinte, et qui, n'écoutant que son patriotisme, venait spontanément à moi, m'apportant au nom de tous les siens des assurances de paix, de dévouement et de réconciliation.

Enfin, il y a quelques jours encore, 2 juillet, M. le comte de Chambord écrivait :

... La Maison de France est sincèrement, loyalement réconciliée. Ralliez-vous, confiants, derrière elle.

Oui, l'union des chefs commande celle des soldats. Tout le passé avant et depuis 1830 doit.être effacé. Au lendemain de l'entrevue de Frohsdorf, l'*Union* a dit, et tous nos amis rediront avec elle : « Pour se resoudre entre la République et la Monarchie, il ne faut aucun souvenir d'amertume. Quarante-trois ans se sont écoulés. Toute une génération a eu le temps de disparaître, et les ressentim nts sont morts. Il ne reste que des enseignements. »

Propagateur du Nord, 3 août.

De la polémique des Journaux

IDÉES GÉNÉRALES

Les journaux de Paris, comme ceux des départements, par leur polémique, représentent bien les diverses fractions politiques qui composent les assemblées parlementaires. Les députés n'y sont pas toujours étrangers. Ils y concourent soit par des subventions ou des commandites, soit par des avis ou des communications, soit encore plus directement en concourant à la rédaction de leur polémique. Par cette raison, il doit donc y avoir dans la publicité, des journaux de toutes les nuances d'opinion, qui s'emparent des imaginations suivant les tendances de chacun. Il y a des journaux extrêmes dans leur opposition, comme il y a des feuilles officieuses inspirées par les amis du gouvernement, peut-être même par les personnes au pouvoir. Mais comme il est toujours plus difficile de se défendre, de réfuter, que d'attaquer en s'abritant de l'impunité, il arrive que les agresseurs se trouvent singulièrement favorisés, et peuvent, par cette raison, en donnant plus de relief à leur style, obtenir l'oreille du peuple-dont ils convoitent et la clientèle et les suffrages, le peuple aimant à être surexcité. C'est ce que les idées d'opposition seules permettent.

En s'enrôlant dans l'opposition où pullulent les esprits sans convictions, les hommes qui ont l'esprit faussé par des doctrines révolutionnaires ou perfides, le polémiste a donc des chances de parvenir, qu'il ne saurait rencontrer dans les rangs des conservateurs, des vrais amis de l'ordre et d'un pouvoir modéré. En faisant de l'opposition, le journaliste inquiète, gêne, entrave parfois l'action gouvernementale Il se pose en se faisant croire bien renseigné, ou mieux inspiré, il éveille les susceptibilités ; enfin en déconsidérant et le pouvoir et ceux qui le représentent, il est arrivé, que pour un instant les hommes de l'opposition ont pu s'accaparer le gouvernement. On attaque avec de simples allégations, sans preuves à l'appui et on ne saurait se justifier sans de longs débats, débats que les hommes d'oppotion ne lisent pas, ne s'inspirant le plus ordinairement que de leurs seuls journaux.

Les polémistes ont donc des avantages sérieux à se mettre dans l'opposition. Avec de l'ambition et un peu de savoir faire, s'ils ne visent pas à être soudoyés, en se mettant en évidence, en entretenant l'agitation, ils obtiennent parfois, étant audacieux, les suffrages du peuple, récompense qu'ils convoitent pour arriver à gravir les degrés du pouvoir.

Le peuple devrait donc avoir égard à cette situation qui lui est faite d'être pris pour dupe par des ambitieux parfois sans conscience, que la nécessité stimule, la conviction des journalistes étant subordonnée le plus souvent au rôle qu'ils ont à remplir.

Les journaux conservateurs, en cherchant à proclamer la vérité des situations ont une mission à accomplir bien plus laborieuse. En se renfermant dans les limites du droit et de l'équité, leur polémique, pour les âmes vulgaires, ne saurait être aussi colorée, aussi attrayante. C'est par cette raison que la presse conservatrice est moins lue par les hommes du peuple, et que les journaux extrêmes, ayant plus de relief sont plus recherchés. L'audace est en grand crédit dans les rangs de ceux qui s'intitulent démocrates.

Après nos désastres et la prise du pouvoir par les hommes de l'opposition, au 4 septembre, les polémistes qui avaient soif de popularité se sont jetés dans le mouvement, aux risques des dangers qu'ils avaient à courir et qu'ils subissent. Il fallait, afin d'arriver, étourdir le peuple, le passionner, lui faire croire à l'impossible. Pour effacer 1793 et 1849, c'était une nouvelle société que la politique d'avenir devait fonder. Chacun jetait son va-tout ; il fallait vaincre ou s'effondrer. Il est résulté de cette témérité, la Commune et ses désastres.

En lisant les débats de la Chambre et la polémique des journaux, avec un peu de bonne volonté, il est très facile d'apprécier dans quels rangs se trouvent le patriotisme, les âmes vraiment honnêtes et éclairées. Tous nous devons faire cette étude, notre bonheur en dépend. Si des fautes ont été commises sous la pression des évènements, c'est à les réparer que nous devons nous attacher, et non à satisfaire des amours-propres mal compris par des discussions sans aboutissants possibles.

La presse périodique ayant la loyauté pour guide, doit instruire, renseigner avec exactitude, soutenir l'action gouvernementale, et non passionner les populations, et les tenir ainsi à la disposition des audacieux.

Il nous suffira de rappeler, dans un volume spécial, quelques-uns des articles publiés pendant la période des élections de 1871 pour faire apprécier les tendances de ceux qui entendent proclamer la République de préférence à la forme séculaire de gouvernement que les lois constitutionnelles ont modifié en raison des besoins de notre époque.

Pour paraître patriote par excellence, les députés comme les journaux de l'opposition avaient pour objectif, avant et pendant les négociations du traité de paix, de chercher à prouver qu'on devait refuser toute transaction obligeant à des sacrifices, disaient-ils, indignes d'une grande nation. Le journal la *République française*, secondé par le *Rappel*, le *Corsaire* étaient avec MM. Gambetta et Louis-Blanc en tête de cette croisade. Il fallait se battre jusqu'au dernier homme, employer le couteau si l'on ne possédait pas d'autres armes. Ces excitations étaient de chaque jour, au mépris de tous ceux représentant l'autorité. Pendant ce temps les conspirateurs de Paris préparaient leurs armes, ourdissaient leurs complots ; et on peut le dire, sans l'esprit de décision de l'Assemblée et du gouvernement en cette grave circonstance, la valeur de l'armée à peine formée, c'en était fait de la civilisation et du bonheur de la France pour de longues années : les républicains étaient triomphants.

Nous aurons à rappeler dans des articles spéciaux ces journées néfastes. Nous le ferons sans faiblesse et avec la plus complète vérité. Nous n'avons pas à être autrement impartial. Notre opinion ne peut être, en aucune circonstance, favorable aux auteurs de nos désastres. C'est à ceux de nos lecteurs qui auront des renseignements à nous communiquer à seconder nos efforts dans cette importante mission. Le devoir est pour tous, car l'opinion tend à être abusée sur les agissements et les crimes de la commune.

Que chacun se rappelle que nombre de partisans des idées sociales de la Commune nous disputent l'avenir de la France.

La société l'*Internationale* qui a joué un si grand rôle pendant l'époque que nous rappelons, qui a ensanglanté et incendié Paris avec tant de cruauté, est accréditée dans les centres industriels; elle a ses affiliations dans tous les rangs de la démocratie. Cette société a pour but de faire du pays une association de travailleurs, c'est-à-dire, de salariés.

Condamnée en France et dans d'autres pays constitutionnels, l'*Internationale* n'en existe pas moins à Londres. Bakounine, au congrès de Bâle, en a expliqué toute la pensée par cette déclaration : « Je suis l'antagoniste résolu de l'État et de toute politique bourgeoise de l'État. Je demande la destruction de tous les états nationaux et territoriaux, et sur leurs ruines la fondation de l'état international des travailleurs. »

Et, dans une autre circonstance, Varlin autre membre influent de l'*Internationale*, a dit : « c'est contre l'ordre juridique, économique et religieux que nous devons tendre nos efforts, » et Combault ajoutait : « Nous devons nous occuper de politique parce que le travail est soumis à la politique. Il faut dire tout haut que nous voulons la République sociale avec toutes ses conséquences, c'est-à-dire : abolition de l'état, abolition de la propriété, abolition du capital, abolition des cultes, abolition du mariage. »

Ces gens qui pensent ainsi sont prêts à toutes les extrémités pour en arriver à leurs fins. Les conservateurs doivent avoir la même résolution pour s'y opposer en propageant d'abord, par de saines idées, les moyens de combattre les doctrines funestes des socialistes, et en se groupant de manière à consolider, par la puissance du nombre, la volonté des législateurs.

Les citations, que nous venons de faire, ont pour objet de donner une idée des doctrines de la démocratie. Les plus incrédules peuvent être convaincus. La mauvaise foi seule peut permettre le doute.

La République dite conservatrice, que les dévoués à M. Thiers proposent aujourd'hui, porte fatalement en germe les idées perturbatrices et dissolvantes de l'*Internationale*. Accepter cette forme de gouvernement comme état définitif, c'est se créer l'obligation d'entretenir un état de dictature permanente qui ne saurait ramener la prospérité.

Les agriculteurs, par leur situation isolée au milieu des campagnes pouvant être assaillis à tous les instants; et les industriels par leurs richesses transformées en choses destructibles par le feu et le pillage, ont le plus grand intérêt à ne pas mépriser les menaces qui leur sont faites. La société a des intérêts solidaire, et ne pas chercher à s'unir pour combattre l'hydre révolutionnaire, c'est commettre une faute peut-être irréparable dans un temps donné.

La civilisation est entre des mains sérieuses, dévouées, mais elle n'est pas hors de danger. Les propositions qui sont faites à l'Assemblée et la chute du ministère de Broglie, fondateur du Septennat, en sont une des preuves qui doivent nous éclairer.

De la Proposition Casimir Périer

EN VUE DE LA RÉPUBLIQUE DÉFINITIVE
Séance du 15 juin

« *Evolution désastreuse.* »
Général Changarnier.

La situation politique du pays, par la

proposition de M. Casimir Périer, vient de faire un pas nouveau dont les conséquences peuvent être très considérables. Demander aujourd'hui de consacrer la République, c'est détruire ce que l'Assemblée a fait le 24 mai 1872, c'est aller contre les promesses du vote du 20 novembre, par lequel la Chambre prenait l'engagement d'organiser constitutionnellement le Septennat.

En détruisant ainsi les décisions législatives, c'est prouver une fois de plus combien le pouvoir mobile de la République peut être préjudiciable aux intérêts du travail et combien nous devons nous défier des prétentions des hommes de parti.

MM. Casimir Périer, Léon Say et Thiers veulent prendre leur revanche du 24 mai au dépend du pays. Là n'est pas la loyauté de véritables patriotes dont le caractère honorable devrait savoir se concilier avec les exigences de la situation.

Ces Messieurs disent que la loyauté constitutionnelle n'est plus possible et aucune démarche régulière n'a été faite pour s'en assurer. Le comte de Chambord qui représente la France et les siècles pendant lesquels le pays a été formé est le seul qui ne soit pas connu des générations actuelles. On a rouvert les portes de la patrie à ce prince si éprouvé depuis sa jeunesse, mais comme il ne peut venir dans son pays qu'en Roi ou comme suspect, force est à lui d'attendre des temps plus heureux.

Les intéressés disent que la Royauté n'est plus possible en France, et c'est instinctivement le pouvoir que tout le monde attend, désire, et qui soit seul capable de rallier les dissidents honnêtes dans leurs vues politiques. Cette preuve nous avons pu l'acquérir cent fois dans nos rapports, et si les amis de la royauté sont plus discrets, ils ne sont pas moins résolus que ceux qui aspirent à la confusion en vue de l'espérance que laissent aux ambitieux les portes entre-bâillées du pouvoir.

Les crises parlementaires sont l'ennemi le plus sérieux des prospérités du travail, qui ne vit que de stabilité.

Admettant que par surprise la proposition de M. Casimir Périer ait force de loi, la décision de l'Assemblée devient le signal du désordre administratif le plus complet et le Maréchal, si justement estimé, qui est notre seule sauve-garde, devient le jouet des oscillations de la Chambre, il est forcément amené à donner sa démission, ses pouvoirs lui ayant été conférés en vue du provisoire, qui laissait à l'Assemblée les droits souverains.

M. Thiers revenant au pouvoir, c'est l'Assemblée à Paris, le peuple armé et du vote et du fusil; c'est la république et toutes ses conséquences ainsi que le disent les démocrates; c'est le retour des idées de la Commune mises en crédit et peut-être des communards; c'est enfin le gouvernement du peuple par le peuple qui est en majorité, et le peuple c'est tout ce qui est salarié, les aides du travail de tous les degrés. Cette situation, faite au pouvoir de M. Thiers, primerait sa volonté. Il ne saurait s'en affranchir.

Le peuple ne réfléchit pas, il se laisse passionner, et comme il n'entrevoit, pour tout bonheur, que les jouissances matérielles, il espère dans la chance qu'un moment de trouble peut lui donner et non dans celle qu'on obtient par la constance dans le travail.

Ce tableau n'est pas celui du peuple étant bien dirigé, bien inspiré par un pouvoir représentant les vertus qui conviennent aux hommes civilisés. En étudiant les influences produites par les différents pouvoirs et aux époques passées, on peut facilement se convaincre des heureux résultats qu'il est possible d'obtenir par l'établissement d'un pouvoir sérieux et incontesté.

La France a traversé toutes les situations politiques dont l'expérience est susceptible d'inspirer l'esprit des populations. Il ne s'agit donc pour les hommes bien intentionnés que de bon vouloir et des vertus nécessaires pour bien diriger leur pensée.

C'est à nos législateurs à rappeler aux populations les enseignements du passé; aucune autre tribune ne saurait aussi bien être accréditée pour atteindre le but désiré.

L'époque actuelle est décisive. Il faut ou que l'ordre triomphe, ou que la civilisation trébuche. L'esprit de révolte moral et religieux est à son comble, et si on ne pouvait ramener le peuple à des sentiments plus conformes à la civilisation, assurément ce serait pour de longues années que le prestige de la France serait perdu dans le monde.

Les gens de bien doivent donc payer de leur personne et s'armer de courage, en ne perdant pas de vue que c'est avec la constance seule qu'on peut triompher du génie malfaisant des révolutionnaires. Les démocrates espèrent dans leur persistance à démoraliser les masses et à user les notabilités qui composent le faisceau social. L'action contraire est donc un devoir pour les conservateurs dont la propagande du bien et du juste doit être incessante et entreprise avec une grande résolution.

Nous disons, nous, contrairement aux démocrates, que la République est le gouvernement dont nous devons surtout nous affranchir. Le titre seul de République est un danger, il inspire mensongèrement les masses en faisant croire aux salariés que c'est une forme de gouvernement qui leur est propre, que la somme de bonheur à laquelle ils aspirent, c'est par la République seule qu'ils peuvent l'obtenir. C'est là une erreur ou un mensonge coupable, car ce n'est que par l'ordre et l'esprit d'ensemble que la prospérité du travail peut obtenir sa plus grande extension.

La royauté constitutionnelle fortement secondée par des institutions dans lesquelles la liberté est justement condensée avec le respect des lois et celui du pouvoir, peut seul ramener l'ordre et l'abondance dans le travail. On peut l'obtenir en agissant judicieusement, en ouvrant franchement la porte d'honneur au représentant de la Royauté qui a dit : *Que le droit monarchique était le domaine de la nation;* ce qui met à néant les idées de droit divin, même de légitimité; qui aspire à rentrer en France pour *reprendre,* « *en lui rendant son caractère véritable, le mouvement national de la fin du dernier siècle,* c'est-à-dire de 89; qui demande « *à établir une Constitution de concert avec les élus du suffrage universel,* » etc., etc.

Ce sont là les promesses du manifeste du 5 juillet 1871, qui ne souffrent aucun commentaire et que peuvent accepter tous les partis.

Le Comte de Chambord n'a pas de passé à revendiquer, chacun peut l'accueillir sans crainte, et les malheureux que les événements ont frappé peuvent espérer en sa mansuétude. Pour le peuple il doit être le défenseur le plus zélé, en ce que ses droits ne pouvant être contestés, ni jalousés, la naissance en étant le point d'appui, il n'a rien à redouter des compétitions de ceux qui l'entourent.

Ayant à sa droite le Comte de Paris

comme prince royal et la famille d'Orléans pour gardes, le peuple est certain
désormais que les libertés les plus com-
plètes lui seront concédées.

Jamais la France n'a eu une plus belle
occasion d'assurer ses destinées. Que
l'Assemblée nationale la saisisse avec résolution . Qu'elle appelle autour d'elle
toutes le· sommités de France : les pré-
sidents des tribunaux et des Chambres
de commerce, ceux des prud'hommes ,
des tribunaux d'appel et civils, de certaines sociétés de secours, etc., les pré-
lats, etc., etc , et qu'au moyen de cette
assemblée plénière la Chambre réc ame
par un vote, si le rétabli·sement de la
Monarchie constitutionnelle, n'est pas
préférable à celui de la République.

Avis serait donné à Monseigneur le
Comte de Chambord de cette démarche
nationale, par l'envoi de cinq délégués
pris dans les rangs de l'Assemblée nationale; et, pour donner à cette situation
l'idée de la neutralité la plus complète,
le titre gouvernemental prendrait celui
de UNITÉ FRANÇAISE. Cette manière de
sortir de l'impasse où se trouve la France,
serait le résultat de décisions intelli-
gentes, que les esprits les plus critiques
devront approuver. Nous avons déjà émis
ailleurs cette pensée de franchir les difficultés qu'un coup d'Etat seul pourrait
résoudre.

Pour compléter notre pensée et éclairer les intelligences, nous inscrivons ci-

après les propositions qui ont donné naissance à notre article.

*Séance du 15 juin 1874 de l'Assemblée na-
tionale.* — Proposition de M. Casimir
Périer, en vue de l'organisation du
Septennat et pour laquelle il réclame
un vote d'urgence.

L'Assemblée nationale, voulant mettre
un terme aux incertitudes du pays,
adopte la résolution suivante :
La Commission des lois constitutionnelles prendra pour base de ses travaux
pour l'organisation et la transmission des
pouvoirs publics :
1° L'article 1er du projet de loi déposé
le 19 mai 1873, ainsi conçu : Le gouvernement de la République française se
compose de deux Chambres et d'un Président, chef du pouvoir exécutif;
2° La loi du 20 novembre 1873, par
laquelle la présidence de la République a
été conférée à M. le maréchal de Mac-
Mahon jusqu'au 20 novembre 1880;
3° La révision totale ou partielle de la
Constitution aura lieu dans les formes
et aux époques que déterminera la loi
constitutionnelle.

Même séance. — Autre proposition dans le
même but émanant du centre droit.

M. Lambert de Sainte-Croix. — Avant
que l'Assemblée délibère sur l'urgence,

je vous demande la permission de lire une autre proposition.

Elle est ainsi conçue :

« L'Assemblée nationale invite la Commission des lois constitutionnelles à prendre pour bases de ses travaux les dispositions suivantes :

» 1° Le maréchal de Mac-Mahon exercera le pouvoir exécutif dont il a été investi par la loi du 20 novembre 1873, sous le titre de Président de la République française ;

» 2° Le pouvoir législatif est partagé entre deux Assemblées ;

» 3° Le Président de la République a le droit de dissoudre la Chambre des députés, d'accord avec la Chambre-Haute ;

» 4° A l'expiration des pouvoirs du Président de la République, les deux Chambres, réunies en Congrès national, désigneront le successeur du maréchal de Mac-Mahon, ou statueront sur la révision totale ou partielle des lois constitutionnelles dans les formes déterminées par lesdites lois. ».

Cette proposition n'est que la conséquence légale de la loi du 20 novembre ; j'en demande le renvoi à la Commission des lois constitutionnelles. (Très bien ! à droite).

Discussion.

M. le général Changarnier. — La proposition de M. Lambert de Sainte-Croix abrége ce que j'avais à dire. Le 20 novembre, nous nous sommes promis de constituer les pouvoirs de M. le maréchal de Mac-Mahon, duc de Magenta : nous devons tenir notre promesse. Ce galant homme, je le connais depuis longtemps, ne se séparera jamais des conservateurs! (Très bien).

M. Casimir Périer, à l'occasion du Septennat, vient nous proposer une évolution désastreuse, (Très bien ! à droite. — Bruit à gauche), contraire aux mœurs et aux habitudes dans lesquelles la France a vieilli. Messieurs de la majorité, avant d'émettre un vote qui resterait attaché à votre nom, souvenez-vous des cruelles épreuves imposées par la République à nos pères. Je vous supplie de voter contre l'urgence. (Applaudissements à droite).

Après un débat dans lequel sont intervenus MM. Léon Say, autre ministre tombé avec MM. Casimir Périer et Thiers le 24 mai, M. Raoul Duval a demandé un appel au peuple, tout en proclamant son respect pour les décisions de l'Assemblée.

L'urgence, mise aux voix, est votée par 345 voix contre 341, sur 686 votants. L'urgence est donc déclarée à la majorité de 4 voix.

Le renvoi de la proposition à la Commission des lois constitutionnelles est ensuite mis aux voix et prononcé, conjointement avec la proposition de M. Lambert de Sainte-Croix.

Il est résulté de différentes réclamations que cette majorité de 4 voix devrait être réduite à une voix. Ce qui démontre que la majorité pourrait bien changer de côté après la discussion générale, qui peut renvoyer la solution à intervenir à une époque plus éloignée.

La préoccupation des députés doit être d'autant plus grave que la France souffre considérablement dans ses intérêts, qu'une liquidation, peut-être générale, pourrait être le résultat d'une trop longue attente.

MM. Casimir Périer, Léon Say et Thiers qui avouent être monarchistes de conviction et républicains de raison, c'est-à-dire en vue de leurs prétentions au pouvoir, devraient avoir conscience du mal qu'ils peuvent faire au pays en se tenant séparés de la majorité. L'histoire devrait être pour leur mémoire une raison de se rendre à l'évidence et aux nécessités du pays.

Autre proposition établissant la contre-partie de la proposition Casimir Périer de cette séance du 15 juin.

Dans cette séance du 15 juin, M. le duc de la Rochefoucauld-Bisaccia a déposé la proposition suivante :

L'Assemblée nationale décrète :

Article 1er. Le gouvernement de la France est la Monarchie. (Applaudissements à droite). Le trône appartient au chef de la Maison de France.

Art. 2. Le maréchal de Mac-Mahon prend le titre de lieutenant-général du royaume.

Art. 3. Les institutions monarchiques seront réglées d'accord entre le Roi et les représentants de la nation.

La demande de renvoi à la Commission des lois constitutionnelles n'est pas adoptée par la Chambre.

La proposition est renvoyée à la Commission d'initiative parlementaire. Dans la situation elle ne pouvait être approuvée parce que le débat devait se circonscrire entre les promesses faites par l'Assemblée d'organiser les pouvoirs du Maréchal et les prétentions des députés du centre gauche.

Dans le débat et ainsi que nous le proposons, le projet de reconstituer la Monarchie pourrait faire l'objet d'un amendement qui serait pris en considération par l'Assemblée nationale.

Projet de Loi électorale politique

Dans les gouvernements parlementaires, constitutionnels, les lois résultent du vote de la majorité et sont l'œuvre des représentants de la nation. La vie matérielle et intellectuelle des citoyens en dépend, de même que les principes de toutes les libertés sont la conséquence de leurs déterminations. Enfin le bonheur de chacun peut prendre sa source dans la bonne gestion de l'Etat. C'est par ces motifs que le suffrage universel a raison d'être, si la part afférente aux électeurs est en rapport avec la participation des individus dans la société.

La loi électorale domine tous les intérêts. Elle confère en quelque sorie des droits souverains aux députés réunis en session. Elle détermine la limire des droits du chef de l'Etat.

C'est donc avec une bien grande prudence que les législateurs appeiés à édicter les lois, doivent régler ies conditions de l'électorat. Aussi est-ce sur ce point que la lutte de nos représentanis semble devoir s'accentuer davantage, ies amis d'un pouvoir mobile désirant donner au nombre la puissance législative qui est l'âme de tous les rapports sociaux et d'intérêts. Par la mobilité des lois, en triomphant, les meneurs ont des chances que les fluctuations du pouvoir multiplient à l'infini. Et comme ceux qui aspirent aux emplois sont toujours plus considérables en nombre que les titulaires, il en résulte que la lutte est permanente et devient la situation obligée d'un Etat en République.

Une nation est une agrégation d'individus dont les droits sont relatifs. Les droits de chacun n'existent que par le consentement de l'Assemblée, c'est-à-dire de la loi. C'est par cette raison que les lois sont parfois modifiées en raison et du temps et des exigences de la situation. Pour avoir des droits, il faut les mériter, il faut les obtenir ou par des services rendus ou par le travail que représentent les impôts. La terre appartient de droit à celui qui la détient, parce que cette parcelle du territoire représente par le défrichement et la mise en culture une valeur acquise par le travail. Elle constitue la propriété foncière, qui reste toujours par l'impôt une des richesses de l'Etat. Mais l'impôt est proportionnel, il doit être basé en raison de la protection que réclame la propriété et exagérer les contributions foncières, ainsi que le comprend une certaine école, ce serait ériger l'injustice en loi et risquer de commettre une faute très préjudiciable au corps social tout entier. En effet, la propriété délaissée, amoindrie, ferait perdre à la production ce qui constitue la richesse du pays.

Il en serait de même pour la propriété immobilière et les valeurs mobilières qui représentent également le travail antérieur et qui font partie des ressources du trésor public.

Le revenu qui est le fruit de la propriété en général, est le net produit des choses qui ont acquitté l'impôt, d'où il résulte que l'impôt sur le revenu est une surcharge qui ne saurait être légale en principe.

L'impôt sur le revenu ne peut être qu'accidentel.

C'est le travail actuel, de chaque jour, qui a besoin de la plus grande protection. C'est pourquoi le travail doit supporter proportionnellement la part la plus grande de l'impôt.

Nous sommes entrés dans les développements sur l'impôt, parce que l'école des politiques qui s'intitulent libéraux humanitaires, même, ont des manières d'envisager les droits à la propriété, qui sont peu rassurantes pour l'avenir de notre société. Nous en reparlerons dans notre article qui aura pour titre : *Des ressources de l'Etat*.

Les luttes politiques actuelles ont, en principe, la propriété pour enjeu. On ne doit pas se le dissimuler. Les appétits réveillés par l'Empire ont enfanté tous les genres de jalousies. C'est la luxure, engendrant les convoitises, qui forme le fondement des agissements politiques de notre époque. La loi serait impuissante à moraliser, si elle laissait au nombre l'espérance d'élire des représentants susceptibles de réaliser les vœux de la démocratie.

La société actuelle est dans l'obligation de vaincre. Un moment de faiblesse et le corps social est en danger de sombrer. Les compromis sont impuissants.

C'est par la bonne confection d'une loi électorale édictée sur des bases nouvelles, mais respectant relativement les droits, que les lois ont consacré pour chacun, qu'il faut sauver la société en péril. Il faut faire de cette loi un moyen de moralisation et d'équilibre entre les intérêts et les droits individuels.

La France souffre, et semble par son attitude patiente attendre un Messie. Cette âme providentielle existe, ne demande qu'à se dévouer, et si la raison sait triompher de la passion, de l'erreur que la calomnie a engendrée, certainement la France se régénérera, en faisant tourner à leur confusion les théories des Thiers, des Casimir Périer, des Léon Say et consors. Ces hommes d'élite tiennent le pays en haleine, et agissent contrairement à leurs principes en vue d'une République impossible. L'histoire sera bien sévère pour leur mémoire, s'ils persistent dans leurs résolutions, en affaiblissant les efforts de la majorité. Le bonheur nous est offert, il s'agirait d'un peu d'abnégation de la part de quelques-uns pour en recueillir tous les avantages.

Nous admettons donc, pour faire la part d'influence de chacun, en vue de la loi électorale, le suffrage universel. Mais pour que le suffrage de tous soit favorable à la gestion des affaires publiques, nous devons rendre le vote intelligent. Il n'y a que l'élection à deux degrés qui puisse avoir ce résultat. En effet, les individus, en général, ne sont pas aptes à apprécier justement la valeur des candidats à la députation; et, ceux-ci, pour s'adresser à la masse des électeurs, sont amenés à tromper leur propre conscience par les entraînements que sollicite le nombre.

Tous les électeurs des différentes catégories de citoyens peuvent être, au contraire judicieux, relativement à la désignation de délégués appartenant ou à la commune ou au canton.

Ce qui explique surtout les nécessités d'un mode d'élection à deux degrés, c'est la nécessité, pour que la loi électorale soit juste et rationnelle, de faire en même temps et la part des intérêts et celle des individualités. En effet, les lois tiennent sous leur puissance la propriété, elles réclament des valeurs foncières, immobilières et mobilières des subsides que règle seule la justice ainsi qu'elle est comprise, d'où il résulte que la loi peut être plus ou moins fiscal, suivant la volonté des législateurs. La loi électorale doit, par cette raison, tenir compte de la place que chacun occupe dans la société.

Le peuple, ceux qui sont en nombre, qui ne possèdent que leur travail, ne saurait rester la partie de la société influente et dominante par le suffrage, ainsi que cela existe par la loi électorale actuelle. Il y a dans le principe radical de l'égalité des suffrages, plus qu'une injustice, il y a un danger social aussi bien pour ceux qui ne possèdent pas que pour ceux qui ont des intérêts à défendre; le bonheur de chacun se rattachant également à la bonne gestion de l'Etat.

Une partie de la population qui domine l'autre est une offense pour ceux qui en subissent la pression. C'est cette conséquence qui crée les abstentions avec le suffrage universel direct et qui consolide la puissance de ceux qui agissent Avec l'élection à deux degrés, cette situation anormale se transforme en une puissance intelligente qui devra avoir la vérité pour guide. Les délégués par leur mandat auront une mission à remplir ayant toute son importance, importance qui éclairera le caractère de ceux qui en seront l'objet.

Pour que le principe de la loi électorale à deux degrés soit basé d'après ia vérité et la justice, et suivant la théorie des intérêts, il s'agit d'établir la liste des électeurs par catégories en raison du chiffre des impôts de chacun; il faut fixer le nombre des délégués de chaque catégorie en raison de celui des délégués fixés pour le canton ou pour la circonscription électorale. D'après notre pensée admettant *cent délégués* pour le canton ou la circonscription électorale, pour les électeurs les plus imposés, jusqu'à cent francs, par exemple, pour les campagnes, et deux cents francs pour les grandes villes, seraient représentés par *trente-cinq délégués;*

La catégorie en dessous dont les électeurs acquitteraient au moins vingt ou cent francs d'impôt pour les grandes villes, délégueraient *dix électeurs;*

Les capacités seraient représentées par *dix électeurs;*

Les imposés en dessous de vingt et de cent francs par *vingt délégués;* et enfin :

Les non-imposés par quinze pour les chefs de famille, les électeurs mariés, et par 10 0/0 pour les célibataires. Ce qui complète le nombre total des délégués se rendant au département pour nommer les députés.

Au moyen de cette mesure tous les intérê.s seraient également représentés dans des proportions que sauvegarderaient les droits de la propriété et qui promettraient à l'esprit conservateur d'acquérir toute sa puissance.

Bien que compiexe, ce mode d'élection serait faite dans la pratique à l'aide de bulletins de différentes couleurs.

Pour qu'il n'y ait pas d'abs entions justifiées, les électeurs en voyage ou retenus pour quelque légitime cause que ce soit, pourraient voter par lettre signée et légalisée au besoin : ces électeurs ayant eu la précaution de déposer leur signature à leur mairie avant de partir.

La légalisation pourrait avoir lieu par les maires, les notaires, etc., etc.

L'élection des délégués aurait lieu au canton, et celle des députés au département, au moyen du scrutin de liste.

Les cantons et les circonscriptions seraient tous représentés par un même nombre de délégués, quel que soit celui des populations.

Il y aurait pour les départements un minimum et un maximum de députés.

Les délégués conserveraient leur mandat pendant toute la session, à moins qu'il n'y ait dissolution avant l'époque fixée. Des suppléants seraient désignés pour le cas de vacances par suite de congés ou de décès.

Nous avons dit qu'il y aurait autant de délégués dans un canton que dans un autre, pour reconnaître que tous les cantons ont une égale valeur; et c'est ce même principe qui nous ferait adopter un même nombre de députés pour les départements adoptant une moyenne pour le nombre des cantons que comportent les départements. Admettant un député par arrondissement de quatre cantons, les départements, qui auraient un plus grand nombre d'arrondissements ou de circonscriptions électorales, seraient représentés à l'Assemblée par un plus grand nombre de députés ne dépassant pas cependant le maximum indiqué. Par cette manière de fixer la représentation, les populations flottantes ne seraient pas prises en considération, et c'est justice, en ce qu'elles n'augmentent pas la valeur territoriale du pays.

Chacun doit tenir sa place dans une société démocratique. Les services rendus, les capacités et la représentation des intérêts, doivent également faire partie des éléments qui doivent concourir à une bonne gestion des intérêts de l'Etat.

Comprendre l'égalité par le nivellement, c'est nuire à ce besoin d'émulation qui fait la grandeur du pays par tous les progrès qui résultent des efforts faits pour mériter ou l'aisance ou une place d'honneur parmi ses concitoyens.

Ce qui serait encore, selon nous, une innovation, ce serait d'admettre que le gouvernement fût représenté dans les réunions électorales par un Commissaire qui r ppellerait les travaux réalisés, qui exposerait la situation réelle du pays, et qui, enfin, relèverait les erreurs qui pourraient être émises par les candidats, par les orateurs en vue de faire prévaloir leur système politique. Nous n'admettons pas que le gouvernement doive se désintéresser entièrement dans les élections. Ayant tous les documents à sa disposition, l'Etat est à même de renseigner avec plus d'exactitude que quiconque, et dès lors c'est aux représentants du gouvernement à diriger avec vérité la pensée des électeurs.

Les délégués pourraient être également appelés à élire les conseillers départementaux et d'arrondissements, et on pourrait peut-être les faire intervenir dans la nomination des Conseils municipaux pour le canton. Ce serait un moyen d'éviter les coteries, et comme il importe aux voisins que les nominations soient judicieuses, l'impartialité des délégués du canton serait une garantie.

Donner de l'uniformité aux suffrages et

éviter les émotions politiques ainsi que l'esprit de coterie, c'est se placer sur la route de la prospérité et créer l'union entre les citoyens qui, seule, peut assurer les destinées de la patrie.

DE LA COMMUNE

en vue de l'élection des Maires et des Adjoints et de l'administration générale du pays.

Le pays a pour élément principal la Commune dont le groupement a lieu, pour former l'ensembl de la patrie, au moyen de subdivisions, comprenant les cantons, les arrondissements et les départements.

L'administration centrale, dont la formation résulte des décisions de l'Assemblée nationale, a, pour la représenter, le chef du pouvoir exécutif, le roi ou un président qui s'adjoint des ministres responsables afin d'assurer une bonne direction à chacune des parties de l'administration du pays.

Le ministre chargé de l'Intérieur est représenté dans les départements par des préfets et dans les arrondissements par des sous-préfets. Les juges-de-paix sont aussi des agents du gouvernement.

Enfin, les communes sont en communication avec les agents de l'Etat par l'intermédiaire de leur administration municipale.

Le gouvernement est encore secondé par le Conseil d'Etat qui élabore les lois et est chargé de tout le contentieux. Le Conseil d'Etat est le tribunal administratif du pays qui décide de toutes les questions litigieuses se rapportant au sol et aux difficultés qui s'élèvent entre les intéressés à l'administration départementale.

La cour des comptes vérifie toutes les pièces relatives à la gestion des deniers publics.

Il résulte de cet ensemble, que, pour que la gestion de l'Etat soit possible et prospère, il est indispensable que l'harmonie la plus grande puisse exister entre toutes les individualités ayant mission de mettre les lois en pratique.

L'administration de la justice, qui tient une grande place dans les relations entre les citoyens, est soumise à un même ordre de principes, et a pour chef le garde des sceaux de l'Etat ministre de la justice.

L'élection qui relève souvent du caprice ne saurait donc être judicieusement invoquée pour arriver à la nomination des agents gouvernementaux et pour créer entre eux la bonne entente dont nous avons expliqué plus haut la nécessité.

Ce qui est vrai pour les ministres, pour les préfets, etc., etc., l'est également pour les maires et pour les adjoints appelés à suppléer les maires qui doivent administrer les communes et correspondre avec les agents de l'administration centrale, pour tout ce qui concerne l'application des lois administratives et de sécurité publique Les maires ont aussi pour mission de mettre en pratique les lois politiques d'où il résulte que leurs principes en tous points doivent être en parfaite harmonie avec ceux du gouvernement, principes qui sont, en définitif, ceux de la majorité de l'assemblée des députés ayant pour mission de voter les impôts et les lois.

Contester au gouvernement le droit d'intervenir dans la nomination des maires, c'est donc vouloir créer en principe l'anarchie sociale ; déclarer, d'une manière absolue, l'indépendance administrative des chefs de la commune, c'est vouloir faire à l'ensemble du pays une situation qui en rendrait la gestion périlleuse pour l'ordre, et impossible relativement aux rapports nécessaires, obligés, avec l'administration centrale. Il n'y a que l'ignorance des exigences administratives, et des révolutionnaires quand même qui puissent vouloir que la nomination des maires soit soumise aux caprices et passions politiques.

Ce qui distingue les fonctions communales avec celles qui dépendent directement du gouvernement et qui s'y rallient d'une manière plus intime, c'est que ces sortes d'emplois honorifiques, les maires, ne sont strictement obligés qu'à la mise en pratique des lois votées par l'Assemblée, et à celles de la sécurité publique. Ce n'est pas là de la dépendance et dès lors les personnes honorables présentées au gouvernem nt pour remplir les fonctions de maire, doivent doublement s'enorgueillir de leur situation puisqu'elle relève en même temps et de leurs concitoyens et du chef de l'Etat.

Les conseillers municipaux, les maires ont la gestion des deniers municipaux ; leur action rayonne sur tous les intérêts de la commune, sur l'éducation des enfants ; ils décident dans tout ce qui est de l'intérêt de la commune. Leurs rapports avec l'église, avec les professeurs de tous genres, constituent la vie morale et intellectuelle de la commune, d'où il résulte que le choix judicieux des maires et des adjoints, comme celle des conseillers est de la plus grande importance pour le bonheur de tous.

Dans notre article relatif à l'élection, à la loi électorale politique, nous avons émis l'idée, en vue d'**éviter** les luttes de parti qui existent parfois dans les communes, d'appliquer à l'élection des administrations municipales, le principe du vote au canton, au moyen des délégués désignés pour les élections générales. Toutes les communes voisines les unes des autres ont des intérêts de réciprocité, obtiendraient par le vote des maires au canton, une bien plus grande unité et un sentiment de confraternité qu'on ne peut obtenir avec l'individualisme. C'est là un principe nouveau à étudier qui n'est pas sans intérêt.

Nous voudrions aussi, que sans traduire notre désir en loi, on ne permette pas la cumulation des emplois aux mêmes personnes. Ce serait donner au pays le moyen de se créer un plus grand nombre d'honorabilités, ce qui est important en vue des nécessités administratives en général.

Un maire, un adjoint, qui est en même temps ou conseiller d'arrondissement, ou conseiller général, ou député ne peut se dévouer également pour chacune de ses fonct'ons, c'est faire de certaines personnes, des indispensables, dont les intérêts de chacun ne sauraient être satisfaits, ces privilégiés se re ranchant derrière leurs nombreuses occupations pour éviter les services à rendre.

C'est aux électeurs à en décider.

Les gardes-champêtres pourraient être organisés en compagnie cantonale, et servir d'élément d'ordre concurremment avec les constables formés à l'aide des jeunes gens composant la réserve. A cet effet, se reporter à notre article sur le recrutement de l'armée.

De nos Institutions bienveillantes

Projet d'un crédit à la famille se liquidant en cinq années.

La situation difficile que les grands événements de 1870-71 ont fait à la famille ne saurait s'améliorer d'une manière assez rapide, si, par des combinaisons, on n'aidait à la reconstitution des richesses.

Le crédit en rendant les choses utiles à la famille, rétablirait l'aisance dont chacun aime à jouir dans son intérieur, et dont l'e et est de moraliser.

Pour réaliser ce problème, nous proposons de créer une institution de crédit qui ouvrirait à la famille suivant certaines conditions, un crédit relatif se liquidant au moyen de paiements hebdomadaires ou mensuels répartis sur une période de *cinq années*, ce qui permettrait le fractionnement des crédits, en 60 mois ou en 260 acomptes hebdomadaires.

Ces crédits seraient alimentés à l'aide de souscriptions consenties par des marchands en détail et en gros, par des industriels et des négociants en matières premières. La limite du découvert étant fixée par les souscripteurs.

La société formerait des magasins de vente à l'aide des marchandises qui lui seraient confiées ou que la direction achèterait avec les ressources disponibles résultant des encaissements.

Les vendeurs consentiraient une commission au profit de la direction qui prendrait les frais de la gestion à sa charge. Cette commission serait fixée de gré à gré.

Les acheteurs, en souscrivant un crédit, acquitteraient une prime d'administration de *deux* pour *cent*.

Les livraisons faites, seraient acquittées aux marchands, aux industriels et aux négociants de tous genres, au moyen d'obligations libérables par la voie du sort, tous les *trois mois*, à compter de la seconde année, sur 75 % du montant des encaissements.

Le solde resterait à la disposition de la direction jusqu'à l'époque de la liquidation du crédit. Ce reliquat garantirait le paiement intégral des obligations à l'aide des intérêts composés, etc., et d'une part dans les bénéfices.

Le paiement des obligations aurait pour caution :

1° *Dix* pour *cent* versés par les acheteurs, dont le montant serait ajouté aux achats faits par les crédits ;

2° *Cinq* pour *cent* des ventes faites par les fournisseurs ;

3° *Cinq* pour *cent* consentis par les acheteurs marchands soldant les livraisons à eux faites au moyen d'obligations quinquennales.

Les obligations porteraient intérêt à raison de *cinq* pour *cent* ;

Et les crédits faits par la société à *six* pour *cent*.

Les crédités souscriraient une prime d'assurance sur la vie qui obligerait les survivants à une cotisation mensuelle en cas de sinistres.

Les familles, par cette assurance, seraient déchargées de toute obligation au paiement, dans le cas où les souscripteurs, chefs de familles ou célibataires viendraient à mourir. La cotisation serait relative ; elle devrait être calculée d'après l'âge des souscripteurs

La prime de garantie mutuelle resterait la propriété des souscripteurs capital et intérêt.

Les acheteurs ont droit à la *prime de reconstitution de capital* créée par la société le CRÉDIT MODERNE.

Le gérant de la société le *Crédit moderne* est le directeur de la société : le *Crédit quinquennal*. C'est à sa diligence que se formeraient et les ressources et les débouchés de la dite société.

Un conseil de surveillance apurerait les comptes et surveillerait la gestion de la société.

Ce conseil serait composé de *cinq membres* au siége de la société et de *trois membres* seulement dans les agences.

Le siége de la société serait à PARIS.

Des statuts régleraient toutes les parties administratives de cette institution bienveillante qui serait l'un des émules de la reprise du travail et de la conciliation générale.

Le dépôt des obligations de la société permettrait aux détenteurs de disposer sur la société le *Crédit moderne* qui se chargerait du placement des dites obligations, s'il y a lieu.

NOTA. — Pour garantir le paiement des acomptes hebdomadaires ou mensuels la société le *Crédit moderne* réclamerait de l'Etat une *loi spéciale* qui obligerait les chefs d'industrie ou de commerce à effectuer les retenues consenties par les crédités, afin de grouper les recettes, et qui mettrait au rang de l'escroquerie les moyens pris pour chercher à s'affranchir des engagements contractés. Une loi semblable est déjà édictée au profit des restaurateurs.

Le crédit pour être solide exige des garanties.

La civilisation prend surtout sa source dans l'aisance ; elle se fortifie par la sécurité de l'avenir. En entourant la famille de précautions dont l'effet serait de prévenir les moments d'épreuve, on inviterait au mariage, à la bonne tenue dans le ménage et la société ne pourrait que s'améliorer étant abritée aussi du concours d'institutions de bienveillance.

Nous espérons donc que tous nos lecteurs comprendront le but de nos préoccupations en faveur des familles peu aisées et qu'on répondra aux efforts que nous faisons par de nombreuses adhésions.

Les rentiers pourront souscrire des obligations, en vue de faciliter le *Crédit quinquennal*.

PIÈCES OFFICIELLES & DOCUMENTS

(SUITE.)

Lettre du duc de Magenta à l'Assemblée nationale, le 20 novembre 1873.

Messieurs,

Appelé par l'Assemblée nationale à la

présidence de la République, j'ai exercé sans retard le pouvoir que vous m'avez confié, et fait choix d un ministère dont tous les membres sont sortis de vos rangs.

La pensée, qui m'a guidé dans la composition de ce ministère, est celle qui devra l'inspirer lui-même dans tous ses actes, c'est le respect de vos volontés et le désir d'en être toujours le scrupuleux exécuteur. — (Très-bien à droite).

Le droit de la majõrité est la règle de tous les gouvernements parlementaires. (T. b.) Mais cette règle est surtout d'une application nécessaire dans les institutions qui nous régissent, en vertu desquelles le magistrat chargé du pouvoir exécutif n'est que le délégué de l'Assemblée... (T. b.) en qui réside la seule autorité véritable et qui est l'expression vivante de la loi. (T b., T. b.)

Cette Assemblée dans le cours des deux années d'existence qu'elle a déjà parcourues, a eu deux grandes tâches à remplir : libérer notre territoire envahi après d'affreux malheurs et rétablir l'ordre dans une société travaillée par l'esprit révolutionnaire.

La première de ces deux tâches a été poursuivie avec un dévouement constant, non par la majorité seulement, mais par l'unanimité de ses représentants, la France peut le dire avec orgueil, (T. b., t. b). Aucune des grandes mesures qui ont eu pour but le rachat de notre indépendance nationale n'a soulevé dans cette enceinte un débat ni rencontré un contradicteur.

Disons bien haut que ces mesures n'auraient pu être prises si le pays lui-même, le pays tout entier ne s'y était prêté, quelque onéreuses qu'elles fussent, avec une patience héroïque qui n'a laissé échapper ni une réclamation, ni un murmure. (T. b., t. b.) Ce concours de toutes les classes est la force principale qui est venue en aide dans d'habiles et patriotiques négociations à l'homme illustre que je remplace et dont une dissidence, que je déplore, sur la politique intérieure a seule pu vous séparer. (T. b., t. b. *sur plusieurs bancs au centre.*)

Je compte sur vous, Messieurs, pour retrouver la même force dans les efforts que je devrais faire, afin d'achever par l'entière exécution de nos engagements cette œuvre aujourd'hui, grâce à Dieu, presque accomplie.

La tâche d'ailleurs sera facilitée par les excellents rapports que le dernier gouvernement a su rétablir entre la France et les puissances étrangères et que je m'efforcerai d'entretenir.

Ma ligne de conduite à cet égard sera exactement celle qui a été indiquée plusieurs fois par mon prédécesseur, à cette tribune, et que vous avez toujours approuvée : Maintien de la paix assez hautement professé, et pratiqué pour que l'Europe convaincue de notre sincérité ne puisse voir dans la réorganisation de notre armée — à laquelle je continuerai de travailler sans relâche — que le désir légitime de réparer nos forces et de conserver le rang qui nous appartient. (T. b., t. b).

Dans la politique intérieure, le sentiment qui a dicté tous nos ac.es est l'esprit de conservation sociale. Toutes les grandes lois que vous avez votées à d'immenses majorités ont eu ce caractère essentiellement conservateur. Quelquefois divisés sur les questions purement politiques, vous vous êtes trouvés aisément réunis sur le terrain de la défense des grands principes fondamentaux sur lesquels repose la société et que menacent aujourd'hui tant d'audacieuses attaques.

Le gouvernement qui vous représente doit donc être enfin, je vous le garantis, énergiquement et résolûment conservateur. *(Vive approbation à droite et au centre droit).*

Des lois très importantes sur l'organisation de l'armée, sur l'administration municipale, sur l'enseignement public, sur d'autres questions encore qui touchent à des intérêts de premier ordre, commerciaux et financiers sont préparées ou débattues en ce moment dans vos commissions. Je crois avoir choisi des ministres compétents pour en traiter avec vous.

D'autres lois que soulèvent les questions constitutionnelles d'une haute gravité ont été présentées par mon prédécesseur, qu'une décision expresse de vous en avait chargé.. Vous en êtes saisis ; vous les examinerez, le gouvernement lui-même les étudiera avec soin, et quand viendra le jour ou vous jugerez convenable de les discuter, il vous donnera sur chaque point son opinion réfléchie.

Mais pendant que vous délibérez, messieurs, le gouvernement a le devoir et le droit d'agir. Sa tâche est, avant tout, d'administrer, c'est-à-dire, d'assurer par une application journalière l'exécution des lois que vous faites, et d'en faire pénétrer l'esprit dans les populations. (T. b., t. b , à droite). Imprimer à l'administration entière l'unité, la cohésion, l'esprit de suite, faire respecter partout et à tout instant la loi, en lui donnant à tous les degrés des organes qui la respectent en se respectant eux mêmes. *(Applaudissements à droite.)* C'est un devoir étroit, souvent pénible, mais par là même plus nécessaire à remplir à la suite des temps révolutionnaires. Le gouvernement n'y faillira pas. (T. b)

Telles sont, messieurs, mes intentions, qui ne sont autres que de me conformer aux vôtres. A tous les titres que commandent notre obéissance, l'Assemblée joint celui d'être le véritable boulevard de la société menacée en France et en Europe par une faction qui met en péril le repos de tous les peuples et qui ne hâte votre dissolution que parce qu'elle voit en vous le principal obstacle à tous ses desseins. (T. b., t. b., *à droite et au centre-droit).*

Je considère le poste où vous m'avez placé comme celui d'une sentinelle qui veille au maintien de l'intégrité de votre pouvoir souverain. (*Bravos et applaudissements répétés à droite et au centre*).

Maréchal de MAC MAHON.
duc de Magenta.

Duc de Broglie, ministre des affaires étrangères, vice-président ;

Ernould, garde des sceaux, ministre de la justice ;

Beulé, ministre de l'intérieur ;

Magne, ministre des finances ;

De Cissey, (le général), ministre de la guerre ;

Le vice-amiral Dompierre d'Hornoy, ministre de la marine et des colonies ;

Batbie, ministre de l'instruction publique et des cultes ;

Deseilligny, ministre des travaux publics ;

Le ministère des cultes est réuni au ministère de l'instruction publique dont il avait été séparé.

M. de la Bouillerie est nommé ministre de l'agriculture et du commerce.

M. Ernest Pascal est nommé sous-secrétaire d'Etat du ministère de l'intérieur.

L'Assemblée nationale a adopté la loi dont la teneur suit :

ART. 1er. Le pouvoir exécutif est confié pour sept ans au maréchal de Mac-Mahon, duc de Magenta, à partir de la promulgation de la présente loi ; ce pouvoir continuera à être exercé avec le titre de Président de la République et dans les conditions actuelles, jusqu'aux modifications qui pourraient y être apportées par les lois constitutionnelles.

Art. 2. Dans les tro's jours qui suivront la promulgation de la présente loi, une commission de trente membres sera nommée en séance publique et au scrutin de liste, pour l'examen des lois constitutionnelles.

Délibéré en séance publique etc., etc.

M. le duc de Broglie, vice-président est nommé ministre de l'intérieur en remplacement de M. Beulé.

M. Depeyre, garde des sceaux, ministre de la justice en remplacement de M. Ernould.

M. le duc Decazes, ministre des affaires étrangères en remplacement de M. le duc de Broglie.

M. Magne, reste ministre des finances.

M. le général du Barail est nommé ministre de la guerre.

M. le vice-amiral de Dompierre d'Hornoy reste ministre de la marine et des colonies.

M. de Fourtou, ministre de l'instruction publique et des cultes en remplacement de M. Deseilligny.

M. Deseilligny, ministre de l'agriculture et du commerce.

M. de Baragnon est nommé sous-secrétaire d'Etat au ministère de l'intérieur.

LA FRANCE MODERNE

Sommaire du 3me volume.

Le Crédit moderne, programme.

Avant-propos.

De l'Assemblée nationale. — Session de 1871. — Séances du 1er au 11 mars. — La Chambre quitte Bordeaux. — Etudes rétrospectives (2e article).

De la Composition des Assemblées constitutionnelles, au point de vue de l'opinion des députés.

La Rochefoucauld-Bisaccia (le duc de) devant la Commission des lois constitutionnelles (3 juillet).

De l'Avenir gouvernemental et politique de la France.

Des Richesses et des Réserves, au point de vue des intérêts de la nation.

De nos Institutions bienveillantes. — Projet d'une caisse générale de dotation pour les jeunes filles.

Le 4me volume est prêt.

Lille. — Lefebvre-Ducrocq.

www.ingramcontent.com/pod-product-compliance
Ingram Content Group UK Ltd.
Pitfield, Milton Keynes, MK11 3LW, UK
UKHW021116140726
13695UKWH00004B/1530